AF390300

9 Nov 1891

VENTE DU LUNDI 9 NOVEMBRE 1891

HOTEL DROUOT, SALLE Nº **8**

à 2 heures

ÉTOFFES ANCIENNES

GALONS, FRANGES

Le tout appartenant à M. X...

EXPOSITION PUBLIQUE

LE DIMANCHE 8 NOVEMBRE 1891.

DE 1 HEURE 1/2 A 5 HEURES 1/2

Mᵉ **PAUL CHEVALLIER**
COMMISSAIRE-PRISEUR
10, rue de la Grange-Batelière, 10

M. **CH. MANNHEIM**
EXPERT
7, rue Saint-Georges, 7

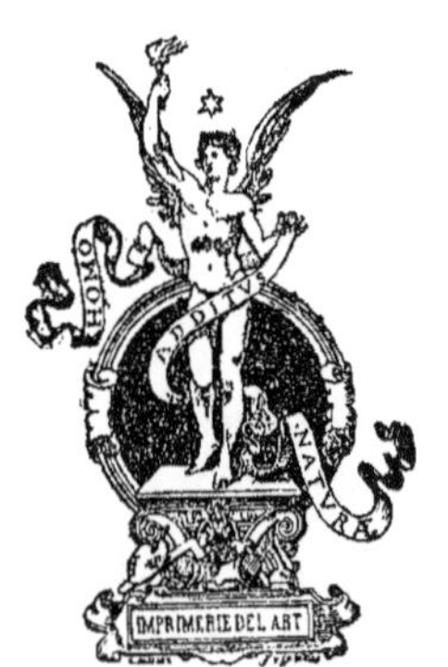

CONDITIONS DE LA VENTE

Elle sera faite au comptant.

Les acquéreurs payeront, en sus des adjudications, *cinq pour cent* applicables aux frais.

L'Exposition mettant le public à même de se rendre compte de l'état des objets, il ne sera admis aucune réclamation une fois l'adjudication prononcée.

Paris. — Imprimerie de l'Art, E. MÉNARD et Cᵗᵉ, 41, rue de la Victoire.

DÉSIGNATION DES ÉTOFFES

1-2 — Deux dalmatiques en velours rouge avec applications et broderies. XVIᵉ siècle.

3 — Chasuble en velours rouge avec orfroi brodé à figures de saints. XVIᵉ siècle.

4 — Devant d'autel en velours rouge avec figures en application et bande en velours bleu ornée de médaillons brodés à figures. XVIᵉ siècle.

5 — Large bande en velours rouge avec applications. XVIᵉ siècle.

6 — Chape Louis XIV en lampas à larges fleurs sur fond rose.

7 — Jupe de 6 lés en soie orangée à fleurs brochées en couleurs. XVIIᵉ siècle.

8 — Environ 14 mètres de soie rose Louis XVI brochée à fleurs.

9 — Tapis de table Louis XVI en soie rayée et à fleurs.

10 — Tapis de table en lampas à ramages blancs sur fond marron.

11 — Devant d'autel Louis XIII en satin bleu à fleurs blanches

12 — Grande portière en soie à larges rayures bleues sur fond jaune. Environ 10 mètres.

13 — Devant d'autel Louis XIV en brocart argent et or à ramages.

14 — Tapis de table en brocart or sur fond de satin gris verdâtre avec galon. Époque Louis XIII.

15 — Chape Louis XIII en satin crème lamé d'or et à petites fleurs.

16 — Tapis de table en brocart à grands ramages sur fond rouge. XVIIe siècle.

17 — Jupe en satin bleu brodé or à fleurs et rinceaux. Environ 3 mètres. XVIIIe siècle.

18 — Morceau composé de 4 lés de satin Louis XIII à ramages sur fond gris.

19 — Morceau composé de 4 lés de satin Louis XIV à fleurs en couleurs.

20 — Chape Louis XVI en soie grise à fleurs bleues et blanches.

21 — Tapis de table Louis XV en soie crème brochée à fleurs. Environ 6 mètres.

22 — Morceau de 4 lés Louis XIV en soie à fleurs marron sur fond marron clair.

23 — Morceau de 4 lés de soie marron à fleurs blanches.

24 — Morceau de 7 lés de soie chevronnée marron à ramages jaunes.

25 — Morceau de 4 lés de soie Louis XIII rose à ramages blancs.

26 — Petit tapis de table en brocart Louis XIV à fleurs avec encadrement lamé de métal.

27 — Tapis de table en satin violet à ramages de couleurs brochés avec galon.

28 — Morceau de 4 lés de satin orangé Louis XIV à très grands ramages blancs.

29 — Grand manteau en satin jaune à petites fleurs polychromes.

30 — Chape en satin broché, fleurs et parcs sur fond gris. XVIIᵉ siècle.

31 — Chape en soie rosée brochée à fleurs de couleurs et à fond armuré. XVIIᵉ siècle.

32 — Garniture de lit Louis XIV en quatre morceaux en satin blanc à ramages jaunes.

33 — Bande de velours vert brodé et à paillettes.

34 — Morceau de brocart à fond violet.

35 — Cinq pièces : chasuble, étole, manipule, voile de calice et corporal en satin violet à rinceaux jaunes. XVIIᵉ siècle.

36 — Portière en satin rayé blanc et vert.

37 — Tapis de table en satin rouge damassé à fleurs et rayures.

38 — Chape en satin rouge damassé à fleurs.

39 — Deux tapis de table en damas Renaissance à fond vert.

40 — Grande portière en brocatelle bleue à ramages blancs. Environ 11 mètres.

41 — Portière en brocatelle bleue et jaune. Environ 6 mètres.

42 — Jupe Louis XV de 6 lés en soie rosée à ramages de couleurs sur fond armuré.

43 — Jupe de 6 lés en satin bleu damassé à ramages blancs : cornes d'abondance. XVIIe siècle.

44 — Chape en satin rose à ramages brochés de couleurs, avec galon. XVIIe siècle.

45 — Six morceaux de brocart Louis XIII à fond rose.

46 — Chasuble en soie bleue armurée à ramages de couleurs.

47 — Grande portière Louis XIII en brocart d'argent à fond gris et ramages verts et rouges. Environ 10 mètres.

48 — Trois pièces : chasuble, étole et manipule en brocart or à fond violet.

49 — Chasuble en brocart or à fond marron.

50 — Chasuble Louis XIV en brocart argent à fond bleu clair.

51 — Morceau de brocart Louis XIV à fond bleu.

52 — Morceau de brocart Louis XIII à ramages de couleurs. Environ 4 mètres.

53 — Chasuble en brocart or à fond bleu lamé argent. XVIIe siècle.

54 — Deux pièces : chasuble et voile de calice en brocart or à fond violet. XVIIe siècle.

55 — Petit tapis de brocart rose à ramages de couleurs.

56 — Petit tapis de brocart Louis XV à fond blanc.

57 — Petit tapis en brocart or à fond rouge.

58 — Petit tapis Louis XV en brocart or et argent, à médaillons.

59 — Petit tapis en brocart Louis XV à fleurs sur fond blanc.

60 — Petit tapis Louis XVI en soie rayée et à fleurs.

61 — Petit tapis Louis XIII en brocart avec galon.

62 — Chasuble en brocart à fond rouge.

63 — Petit tapis en brocart à fond bleu armuré.

64 — Bande Louis XV en soie blanche brodée avec le chiffre du Christ.

65 — Autre bande en brocart à fond jaune.

66 — Couvre-lit en lampas à fond blanc et ramages de couleurs.

67 — Deux portières Louis XVI en satin rayé rouge et vert. Environ 20 mètres.

68 — Chape en ancien damas rouge à ramages.

69 — Morceau de 4 lés en ancien damas rouge à ramages. Environ 8 mètres.

70 — Portière en ancien damas rouge.

71 — Couvre-lit en ancien damas rouge à grands ramages. Environ 6 mètres.

72 — Couvre-lit en ancien damas vert. 4 lés. Environ 10 mètres.

73 — Couvre-lit en ancien damas rouge. Environ 7 mètres.

74 — Portière en ancien damas rouge. Environ 4 mètres.

75 — Grande portière en ancienne brocatelle rouge à grands ramages. Environ 12 m. 50 cent.

76 — Chasuble brodée : sauvages et plantes sur fond jaune. Travail portugais (?).

77 — Couvre-lit en brocatelle jaune et bleue, avec franges

78 — Tapis en satin rose brodé or et couleurs.

79 — Autre tapis, même dessin que le précédent, sur fond de soie gris verdâtre.

80 — Deux portières en satin rouge broché à fleurs et oiseaux. Environ 10 mètres.

81 — Quatre morceaux analogues aux portières précédentes.

82 — Tapis en ancienne peluche de soie de couleurs à fleurs.

83 — Deux bandes de velours rouge. Environ 3 m. 70 cent.

84 — Manteau de velours grenat.

85 — Tapis de velours rouge ciselé, à rinceaux.

86 — Tapis de velours rouge. Environ 8 mètres.

87 — Dix fragments de velours rouge.

88 — Cinq pièces : chasuble de velours de Gênes bleu ciselé, avec voile de calice, étole, manipule et corporal.

89 — Chasuble en velours ciselé violet.

90 — Cinq pièces : chasuble en velours vert ciselé, avec corporal, manipule, étole et voile de calice.

91 — Deux rideaux de damas Louis XIV, marron clair. Environ 20 mètres.

92 — Couvre-lit d'ancienne brocatelle verte. Environ 10 mètres.

93 — Chape de brocatelle verte et rouge, du XVIᵉ siècle.

94 — Couvre-lit en soie rose, à dessin en relief.

95 — Couvre-lit en satin jaune brodé à fleurons.

96 — Portière en brocatelle jaune Louis XIV, à grosses fleurs. Environ 8 mètres.

97 — Deux chapes Renaissance en brocatelle rose et jaune et velours.

98 — Quatre bandes de brocatelle rouge, à ramages. Environ 15 mètres.

99 — Deux larges bandes de satin broché, à ramages, fleurs et couronnes.

100 — Petit tapis de velours ciselé rouge, à fond jaune et fleurs.

101 — Petit tapis de velours rouge ciselé, à ramages

102 — Petit tapis de velours rouge ciselé, à fleurs vertes.

103 — Petit tapis de velours blanc ciselé, à fleurs bleues, avec bordure de galon.

104 — Petit tapis de velours de Gênes jaune, à ramages rouges, avec franges.

105 — Deux bandes d'étoffe bleue brodée, à rinceaux.

106 — Deux petites portières de damas gris, à ramages.

107 — Grande portière d'ancien damas rouge, à grands ramages. Environ 10 mètres.

108 — Autre analogue, avec franges. Environ 10 mètres.

109 — Autre analogue, mais plus petite. Environ 6 mètres.

110 — Grande portière d'ancien damas rouge, à larges fleurs. Environ 12 mètres.

111 — Grande portière d'ancien damas rouge, à larges feuilles. Environ 13 mètres.

112 — Portière de brocatelle jaune. Environ 8 mètres.

113 — Devant d'autel de brocatelle rouge et jaune Renaissance, offrant des armoiries de cardinal.

114 — Morceau de 4 lés Louis XV de satin broché, à fond bleu clair.

115 — Environ 12 mètres de velours bleu.

116 — Morceau de 4 lés Louis XIV de brocart, à fleurs sur fond blanc.

117 — Morceau de 4 lés Louis XVI de soie blanche brochée à fleurs.

118 — Grand couvre-lit de satin broché Louis XVI, à fleurs rouges et vertes.

119 — Petit tapis de velours vert.

120 — Petit tapis de satin blanc, brodé à fleurs dans les angles.

121 — Chasuble Louis XVI, en satin blanc broché à fleurs.

122 — Devant d'autel de 4 lés de satin bleu, à fleurs jaunes lamées de métal avec galons.

123 — Grand couvre-lit de soie rose brochée, à fleurs de couleurs.

124 — Morceau de damas jaune, à ramages.

125 — Couvre-lit de brocatelle verte, à grands ramages. Environ 10 mètres.

126 — Couvre-lit de damas vert, à grands ramages. Environ 10 mètres.

127 — Deux pièces : chasuble et voile de calice en satin rayé et à fleurs.

128 — Quatre morceaux de soies brochées, variées.

129 — Deux morceaux : l'un de velours jaune, l'autre de brocart à fond marron.

130 — Morceau de soie bleue moirée. 7 lés.

131 — Quatre pièces : voile de calice, fragment Louis XVI, morceau de soie bleue et petit tapis rayé.

132 — Morceau de damas vert. Environ 4 mètres.

133 — Deux pièces : bandeau en velours noir brodé et manteau de soie blanche brodée.

134 — Chasuble de satin bleu broché blanc.

135 — Deux bandes de brocatelle jaune et bleue. Environ 6 mètres.

136 — Morceau de satin jaune brodé de métal.

137 — Morceau de 3 lés de soie blanche, Louis XVI, brochée à fleurs.

138 — Petite portière de satin rayé, à fond vert.

139 — Deux petits tableaux, soie peinte et brodée, du xviie siècle : la Nativité, la Résurrection.

140 — Deux gilets du xviiie siècle ; l'un de velours, l'autre de satin.

141 — Cinq corsages en velours et soie.

142 — Cinq autres en soie brochée, Louis XV et Louis XVI.

143 — Environ 43 mètres de soie bleue.

144 — Deux petits tapis de lampas à fleurs, croissants, etc.

145 — Morceau de broderie indienne.

146 — Morceau de 3 lés de satin broché, à fond jaune.

147 — Deux coussins de satin jaune brodé.

148 — Environ 26 mètres de brocatelle jaune et verte Renaissance, à couronnes.

149 — Environ 26 mètres de brocatelle analogue, mais rouge et jaune.

150 — Environ 15 mètres de brocatelle, Louis XIV, verte et grise.

151 — Quatre petits coussins en velours, soie et damas.

152 — Environ 58 mètres de brocatelle, Louis XIV, jaune et rouge.

153 — Environ 150 mètres de damas rouge.

154 — Habit de velours brodé argent. XVIIIe siècle.

155 — Environ 22 mètres de brocatelle verte.

156 — Habit de soie verte. XVIIIe siècle.

157 — Habit de satin crème brodé. XVIIIe siècle.

158 — Habit de satin vert brodé. XVIIIe siècle.

159 — Habit de soie violette. XVIIIe siècle.

160 — Costume complet : gilet, habit, culotte en satin bleu. XVIIIe siècle.

161 — Habit de satin vert clair. XVIIIe siècle.

162 — Lot de fragments divers.

163 — Environ 23 mètres de bandes de soie rouge brodée or.

164 — Deux morceaux de franges métalliques.

165 — Lot de bonnets et aumônières.

166 — Lot de bandes de guipures.

167 — Deux bandes de guipures.

168 — Nappe avec encadrement de guipure.

169 — Tour de lit en guipure et coton.

170 — Devant d'autel en guipure.

171 — Environ 58 mètres de velours de Gênes jaune.

172 — Environ 25 mètres de galon Empire, en soie.

173 — Environ 16 mètres de galons variés.

174 — Environ 34 mètres de galon de velours de Gênes.

175 — Environ 19 mètres de galon de velours de Gênes rouge.

176 — Environ 21 mètres de galon, à fond blanc.

177 — Environ 36 mètres de galon Louis XVI, bleu et rouge.

178 — Environ 24 mètres de galon à armoiries, jaune et rouge.

179 — Environ 55 mètres de galon de velours de Gênes, à fond blanc.

180 — Environ 35 mètres de galon à armoirie sur fond blanc.

181 — Environ 14 mètres de galon de velours, à entrelacs.

182 — Environ 19 mètres de galon de velours, à fond blanc.

183 — Environ 18 mètres de galon de velours, à fond blanc.

184 — Environ 12 mètres de galon à fond blanc.

185 — Environ 32 mètres de galon de velours jaune.

186 — Environ 33 mètres de galons Empire, variés.

187 — Environ 31 mètres de galon de velours de Gênes rouge.

188 — Environ 13 mètres de galon de velours jaune et rouge.

189 — Environ 9 mètres de galon de velours rouge.

190 — Environ 4 mètres de galon bleu.

191 — Environ 20 mètres de galon argent.

192 — Environ 42 mètres de galon argent.

193 — Lot de galons variés.

194 — Environ 4 mètres de frange rouge.

195 — Environ 21 mètres de frange verte et blanche.

196 — Lot de franges variées.

197 — Environ 21 mètres de frange jaune.

198 — Environ 17 mètres de frange et dentelle jaune.

199 — Environ 12 mètres de franges variées.

200 — Environ 32 mètres de franges rouges.

201 — Environ 29 mètres de franges jaune et rouge.

202 — Environ 37 mètres de franges verte et blanche.

203 — Environ 8 mètres de frange rouge.

204 — Environ 9 mètres de frange verte.

205 — Environ 36 mètres de frange rouge.

206 — Environ 12 mètres de frange verte.

207 à 217 — Lot de glands variés.

218 — Lot de brocatelle variée.

219 — Cinq morceaux de damas vert Renaissance.